A DESCOBERTA DE JOÃO

Agradecimentos

À meu Pai e amigo Carlos Roberto Pio da Costa.

João era um menino muito brigão. Todos os dias ele arrumava confusão na escola. Sempre que tinha um tumulto, lá estava ele.

E brigava com um, dois ou três garotos ao mesmo tempo. Parecia mesmo que ele gostava de uns sopapos.

Se alguém olhava para ele, respondia:

TÁ OLHANDO O QUÊ, BOBÃO?

Se falavam com ele, retrucava:

- Quem te deu permissão pra falar comigo, moleque?

Se não falavam com ele, reagia:

- Tá pensando o quê? Vai me ignorar assim?

E a briga começava.

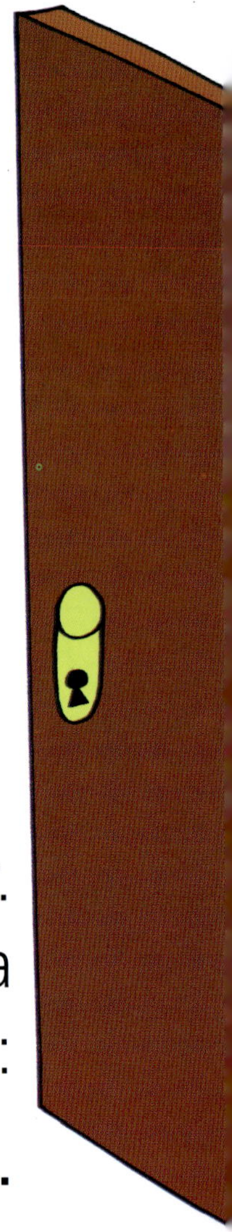

A mãe de João não sabia mais o que fazer.
A cada reclamação da escola
ela lhe dava um novo castigo:

- Já para o quarto.

Uma semana sem ver televisão. E João ficava lá,
triste e sozinho, sentindo muita raiva
de tudo e de todos.

JÁ PAR

A O QUARTO!

Um dia, depois de mais uma briga na escola, no caminho de volta para casa, João, todo sujo e machucado, ouviu uma voz desconhecida vinda da rua:

- Vamos falar tudo para seu pai. Você vai ver.

João ficou atordoado.
Começou a chorar e
rolar no chão.
Não tinha o menor
controle sobre si mesmo.

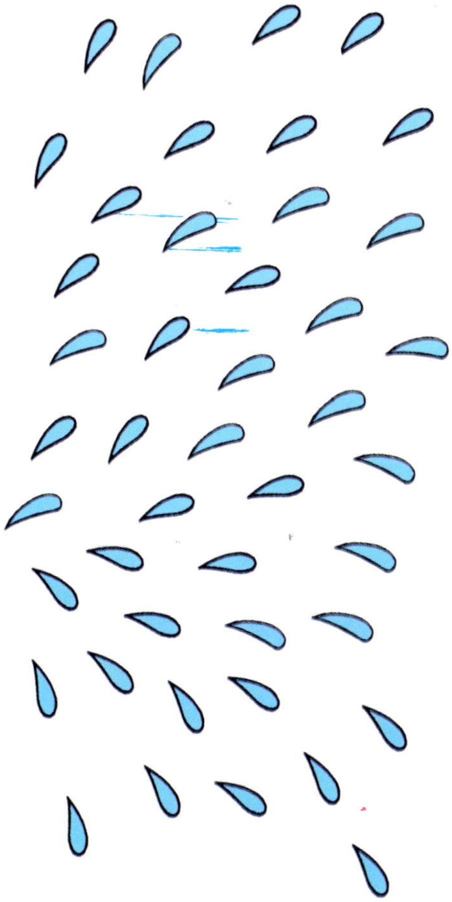

Aquelas palavras o tinham
acertado em cheio.
Foi como se lhe faltasse
chão por um momento.
Sua vida começava a
mudar naquele instante.

Passou todo o caminho para casa ouvindo aquelas palavras ensurdecedoras:

-Vamos falar tudo pro seu pai; vamos falar tudo pro seu pai; tudo pro seu pai; pro seu pai; seu pai.

SEU PAI;
SEU PAI;
SEU PAI;
SEU PAI;
PAI;
SEU PAI;
SEU PAI;
PAI;

Quando chegou em casa, bastante inquieto, João trancou-se no quarto e não quis saber do almoço. Sua mãe, preocupada, foi conversar com ele:

- O que houve João, brigou de novo? Abre a porta filho.

João ficou em silêncio. Não saiu do quarto por todo o dia, nem mesmo para comer. Tudo o que fazia era escutar aquele eco:

- Vamos falar pro seu pai...
Vamos falar pro seu pai...
Vamos falar pro seu pai...

SEU PAI;

SEU PAI;
SEU PAI;
SEU PAI;
SEU PAI;
SEU PAI;
SEU PAI;
SEU PAI;
SEU PAI;

No outro dia, pelo mesmo caminho, João avistou o homem que vendia balas em frente à escola, a quem chamavam de Bigode.

Sem dar muita atenção ao velho conhecido, João foi surpreendido com a pergunta, vinda de uma voz forte:

-Está mais calmo, João?

Assustado, João saiu correndo em direção a portaria e tomou o rumo da sala de aula. O baleiro sorriu sozinho.

Nesse dia João não brigou.

Ficou sentado em seu lugar, observando as pessoas. Estava com medo, mas não sabia de quê. Não conseguia levantar e brincar com os outros. Uma sensação de estranhamento o havia invadido e reaparecia quando a imagem daquele homem voltava à sua cabeça:

Na saída da escola, evitando o baleiro com o olhar, João percebeu seus colegas de classe em volta da barraca de doces e tentou passar despercebido.

Sentindo seus olhos puxarem para a direção do velho, João encara o olhar fixo do homem para ele e escuta:

- João, vem cá. Quero falar com você!

Novamente João sentiu seu corpo tremer. Não sabia o que estava acontecendo.

- O que este homem quer comigo? Por que ele fala assim? Pensava João.

A única coisa que ele sabia é que queria voltar bem rápido para casa.

Ao chegar, João não foi para seu quarto como de costume. Estava inquieto, meio nervoso, andando de um lado para o outro da sala. Sua mãe, sem saber o que estava acontecendo, perguntou:

- O que houve, João? Por que você está tão estranho? O que aconteceu?

João parou, tomou fôlego,
olhou para a mãe e indagou:

Mamãe, ca

ê meu pai?

A
mãe
de
João
se
assustou.